Organização
Maria Etelvina Guimaraens

Poemas

de
Eduardo Guimaraens

Tradução
Alcy Cheuiche
Lívia Petry Jahn

Libretos

Porto Alegre, 2018

www.libretos.com.br
libretos@libretos.com.br

Edição
Rafael Guimaraens

Desenho gráfico
Clô Barcellos

Revisão
Célio Klein

Esta obra segue o Acordo Ortográfico
da Língua Portuguesa (1990).

Dados Internacionais de Catalogação na Publicação
Daiane Schramm
Bibliotecária - CRB-10/1881

G943p Guimaraens, Eduardo
Poemas./Eduardo Guimaraens;
organizado por Maria Etelvina
Guimaraens e tradução de Lívia Petry Jahn e
Alcy Cheuiche. - Porto Alegre: Libretos, 2018.
88p.; 12 x 16cm
Fac-similis
ISBN 978-85-5549-039-2
1. Literatura. 2. Poemas. I. Guimaraens, Maria
Etelvina; org. II. Jahn, Lívia Petry; trad. III.
Cheuiche, Alcy; trad. IV. Título.
CDD 800

Eduardo Guimaraens, 1892-1928

Poemas, 1923 em 2018

Nosso avô morreu cedo, muito cedo, aos 36 anos. Seus filhos Dante Gabriel e Carlos Rafael tinham quatro e dois anos. Assim, nosso avô jovem foi sempre uma presença ausente. Nosso avô jovem era poeta simbolista, foi diretor da Biblioteca Pública do Estado. Era questão certa no vestibular.

A beleza de seus poemas sempre permeou nossas vidas. Assim como a música da Dinha, nossa tia bisavó cantora que tinha seus 90 anos. Nossos encontros, dos primos, nos sábados à tarde, na casa dela, eram aventura, afeto e memória. Os saraus de seu aniversário, dia 6 de fevereiro, eram encantados com poesia, música, dança. Na casa da Duque.

Nosso avô jovem e poeta morreu cedo. Publicou em vida três obras: os livros "Caminho da Vida" e "Divina Quimera", e a tradução do "Canto V" da "Divina Comédia". Era jornalista, e no jornal fazia de tudo:

crônica e crítica cultural, traduzia e comentava matérias publicadas em jornais franceses, alemães, russos, japoneses. Também fazia as palavras cruzadas, verticais e horizontais. Fez a primeira locução de rádio em rede no Rio Grande do Sul.

Etelvina, musa do poeta e nossa avó, manteve o acervo do marido. Ele escrevia seus poemas à mão. Organizava os livros, desenhava suas capas, ilustrava. Desenhou seu ex-libris. Etelvina trabalhava na Biblioteca Pública do Estado e morava com seus filhos na casa da Duque. Na sala do piano, Dinha cantava e dava suas aulas de canto. Quando Etelvina faleceu, nos idos de 1956, o acervo permaneceu na casa da Duque, aos cuidados da Dinha. Depois nossos pais (Dante e Carlos) e nossas mães (Nair e Vera) guardaram. Nós éramos crianças, não tínhamos ideia deste acervo que resistiu a cinco netas (Beatriz, Maria Etelvina, Sílvia, Virgínia e Ana Lúcia) e três netos (Eduardo, Carlos Rafael e Gabriel)! Brincávamos com o seu pince-nez imitando o nosso avô jovem, sempre presente no retrato na parede.

Nosso avô jovem surgiu de repente numa madrugada. Eu já adulta, minha mãe ficou doente e fiquei na casa dela. Sem ter o que fazer, comecei a remexer armários, bisbilhotar, e num deles encontrei pastas de couro muito antigas: era parte do acervo, a parte guardada por minha mãe. Emoção pura em cada página, originais manuscritos e datilografados. Neste acervo encontramos os poemas publicados em "Dispersos" (Libretos, 2001).

E no acervo guardado por meu tio e padrinho Carlos e pela madrinha Vera, o livro idealizado, projetado, desenhado e escrito em francês por nosso avô jovem em 1923*. Este livro hoje está sendo lançado. "Poemas" está sendo publicado pela família e marca a passagem dos 90 anos de sua morte.

Que a leitura destes poemas seja um deleite.

Maria Etelvina Guimaraens

* Formato do original manuscrito: 22cm x 32cm.

Os netos de Eduardo Guimaraens, que possibilitaram a realização deste sonho:

Eduardo Guimaraens
Beatriz Guimaraens
Rafael Guimaraens
Gabriel Guimaraens (in memoriam)
Maria Etelvina Guimaraens
Sílvia Guimaraens
Virgínia Guimaraens
Ana Guimaraens

Nossos agradecimentos muito especiais à pós-doutora em Literatura pela UFRGS/CAPES, poeta e escritora **Lívia Petry Jahn** e ao premiado escritor e poeta **Alcy Cheuiche**, patrono da Feira do Livro de Porto Alegre e professor de Escrita Criativa, ambos admiradores da obra de Eduardo Guimaraens.

Nocturne

NOTURNO

Os jardins de inverno são sonhos,
muito belos sonhos apagados.
Os jardins de inverno são sonhos...
As horas da noite soam, breves.
As árvores já estão geladas.

Vão-se os espectros sob a lua.
Os fantasmas da lembrança!
Vão-se os espectros sob a lua...
Os espectros na sombra cinzenta.
E eu os vejo, todos, retornar.

O mais branco tem teus olhos.
                    Ele passa.
E com seus belos olhos ele me vê.
O mais branco tem teus olhos.
                    Ele passa...
Eu sou como uma sombra cansada...
Como quem segue atrás de ti.

... Les jardins d'hiver sont des rêves,
des très beaux rêves effacés.
Les jardins d'hiver sont des rêves...
Les heures du soir sonnent, brèves.
Les arbres sont déjà glacés.

Des spectres s'en vont sous la lune.
Les fantômes du souvenir!
Des spectres s'en vont sous la lune...

Des spectres dans l'ombrage brune.
Et je les vois, tous, revenir.

Le plus blanc a tes yeux. Il passe.
E de ses beaux yeux il me voit.
Le plus blanc a tes yeux. Il passe...
Je le suis comme une ombre lasse...
Comme j'allais derrière toi.
....

L'Offrande

A OFERENDA

Eu queria ser um poeta
da Ásia
para cantar de amor os teus
belos olhos
e sua doce melancolia!

Eu tenho a alma inquieta
e o coração agitado...
Eu sou aquele que, por ti,
sonha com versos muito doces:
e que não sabe mais a canção.

E eu sonho por ti uma estranha
música,
apenas ritmada,
com um acorde e um som...
Com uma vaga cadência...
Com um gemido... Quase silêncio!

Eu gaguejo na língua da França:
e te peço perdão.
E, como um verso de Francis Jammes,
O Ângelus canta - e é o adeus!

E eu sonho com todas as almas.
Eu sonho contigo! Eu sonho
com Deus.

Je voudrais être un poète
d'Asie
pour chanter d'amour vos beaux yeux
et sa douce mélancolie !

Et j'ai l'âme inquiète
et le coeur soucieux...

Je suis celui qui, pour vous,
songe à des vers très doux :
et qui ne sait plus sa chanson.

Et je rêve pour vous d'une étrange musique,
à peine rythmique,
d'un accord et d'un son...
D'une vague cadence...
D'un sanglot... Presque du silence !

Je bégaye en langue de France :
et je vous demande pardon.

Et, comme un vers de Francis Jammes,
l'Angélus chante – et c'est l'adieu !

Et je songe à toutes les âmes.
Je songe à toi ! Je songe à Dieu.

Berceuse

ACALANTO

Toma-a para ti: é minh'alma.
Deixa a tua mão sobre o meu coração,
quente como a chama
e doce como uma flor!

Embala-o como um cordeiro
a jovem mãe adormecendo
seu pobre filho que soluça!
Embala o meu coração!
          - Pobre criança...

A canção de antigamente,
          a canção soluçante,
a divina canção, que o coração
          diz baixinho,
apaga-se como um suspiro. E a
          minha voz hesitante
se cala. A esperança amarga
          das coisas a confundiu.

Lembra-te... Primavera, amor, belas
artes, juventude!
As noites quentes de beijos e
as manhãs tão doces!
E o ar sutil e tépido assim como
uma carícia...
E as mãos que procuravam as mãos...
Lembra-te!

A canção de antigamente, a canção
que evocamos,
a divina canção do coração
sempre ferido
se apaga. Chega a noite:
é a hora ambígua...
Não nos lembramos mais; e
minh'alma sonhou.

Prends-la sur toi : c'est mon âme.
Laisse ta main sur mon coeur,
ô tiède comme la flamme
et douce comme une fleur !

Berce-le comme chevrote
la jeune mère endormant
son pauvre enfant qui sanglote !
Berce mon coeur ! – Pauvre enfant...

La chanson d'autrefois, la chanson sanglotante,
la divine chanson, que le coeur dit tout bas,
s'éteint comme un soupir. Et ma voix halétante
se tait. L'amer espoir des choses la troubla.

Souvenez-vous... Printemps, amour, bel art, jeunesse!
Les soirs chauds de baisers et les matins si doux!
Et l'air subtil et tiède ainsi qu'une caresse...
Et les mains qui cherchaient les mains... Souvenez-vous

La chanson d'autrefois, la chanson qu'on évoque,
la divine chanson du coeur toujours blessé
s'éteint. La nuit survient : et c'est l'heure équivoque...
On ne se souvient plus ; et mon âme a rêvé.

Le Rondel éternel

O CÍRCULO ETERNO

A Primavera que passa,
a Beleza que foge,
o Dia e a Noite,
o Tempo e o Espaço,

a Chama que reluz
e que a Sombra apaga:
a Primavera que passa,
a Beleza que foge!

A Hora que cansa...
O Amor e o Tédio!
- Tudo cansa! Tudo quebra! -
Assim se extingue, sem ruído,
a Primavera que passa.

Le Printemps qui passe,
la Beauté qui fuit,
le Jour et la Nuit,
le Temps et l'Espace,

la Flamme qui luit
et que l'Ombre efface:
le Printemps qui passe,
la Beauté qui fuit!

L'Heure qui se lasse...
L'Amour et l'Ennui!
Tout lasse! Tout casse!
Tel s'éteint, sans bruit,
le Printemps qui passe.

Résignation

RESIGNAÇÃO

O Poeta tem o amor, a glória,
a esperança
e esse dom, tão divino, de
embelezar o que vê.
Ele precisa da dor, no entanto:
e do sofrimento!
Deve sofrer. Chorar? Derramar
lágrimas? Seja!

Gritai! Feri os corações que sofrem!
As vítimas
esperam. Seu clamor faz ressoar o céu.
Nós somos os mártires que vêm
dos Cumes...
E nós queremos a Esponja onde
puseram o fel!

É preciso sofrer! É preciso chorar!
Toda a vida?
Seja! O Poeta canta: e é só
Felicidade!
Ele canta... O que lhe faz o
Cálice de fel?
Se um único verso basta para acalmar
a Dor!

Le Poète a l'amour, la gloire, l'espérance
et ce don, tout divin, d'embellir ce qu'il voit.
Il lui faut la douleur, pourtant: et la souffrance!
Il faut souffrir. Pleurer? Verser des larmes? Soit!

Hurler! Blesser les coeurs qui s'offrent! Les victimes
attendent. Sa clameur fait retentir le ciel.
Nous sommes les martyrs qui s'en viennent des Cimes...
Et nous voulons l'Éponge où l'on a mis du fiel!

Il faut souffrir ! Il faut pleurer ! Toute la vie ?
Soit ! Le Poète chante : et c'est tout le Bonheur !
Il chante... Que lui fait la Coupe, avec sa lie ?
Puisqu'un seul vers suffit pour calmer la Douleur !

Le lion Jongleur

O BOM SALTIMBANCO

Olha: assim como na feira,
quando chegam, alegres, os dias
de festa,
o circo de minh'alma se ergue
sobre o campo ao sol cujos raios
ardentes
são ouro que reluz.

Para que teus dentes
- o marfim
e as pérolas! - reluzam de brancura
eu perco, como um louco, a cabeça:
e imito o saltimbanco, que se
apronta
para divertir.

Vem vê-lo! Eu te convido.

- E eu sou o alegre saltimbanco
que brinca... para te divertir...
O bom artista de circo
que brinca, ah, somente para te
divertir
sem dúvida,
sob o sol, sobre a poeira da estrada,
Menina,
com seu coração!

Regarde: ainsi qu'à la foire,
lorsqu'arrivent, joyeux, les jours de fête,
le cirque de mon âme s'établit
sur le champ au soleil dont les rayons ardents
sont de l'or qui reluit.

Pour que tes dents
– l'ivoire
et les perles! – éclatent de blancheur
je perds, comme un fou, la tête:

et même le jongleur, le forain qui s'apprête
pour amuser.

Viens le voir ! Je t'invite.

— Et je suis bien le gai Jongleur
qui jongle... pour t'amuser...
Le bon Jongleur
qui jongle, ah, seulement pour t'amuser
sans doute,
sous le soleil, sur la poussière de la route,
Petite,
avec son coeur !

La gerbe de Lys

O RAMO DE LÍRIOS

Os lírios
d'um branco
de prata
floridos,
os lírios!
Pálidos
e eretos,
os lírios,
ramos
com seus
dez dedos!

Esses lírios
floridos
d'um branco
de prata,
esses lírios
bons para
tecer

e para
sempre
orar,
- esses são
os lírios
florescidos
sem água,
bem eretos,
no belo
jardim
piedoso
do meu
amor...

Os lírios
que ofereço -
a Deus!

Seus dedos!

Les lys
d'un blanc
d'argent
fleuris,
les lys!
Pâlis
et droits,
les lys

germés
de ses
dix doigts !
Ces lys
fleuris
d'un blanc
d'argent,
ces lys
bons pour
tisser
et pour
toujours
prier,
– ce sont
des lys
fleuris

Sans eau,
tout droits,
au beau
verger
pieux
de mon
amour...

Les lys
que j'of-
fre à Dieu.

Ses doigts!

La Lettre d'amour

A CARTA DE AMOR

Te escrevo estas palavras.
A candeia arde. A alma,
na sombra da noite, arde
como a chama.
Eu escuto a lembrança que diz
teu nome baixinho.
Tão baixo! Eu tenho no meu coração
a noite... A noite, enfim!
A lembrança diz de novo teu nome
mais baixo... A carta
se abre para ele. Eu escuto: e é
o mar, talvez.
Ou o arrulho amoroso de uma pomba.

Vejo, contra o azul do céu, uma
palmeira alta e esbelta:
esta é a tua forma,
a expressão bíblica
da graciosidade (eu evoco o Cântico
dos Cânticos), do corpo feminino...
Tu o sabes.

Eu escrevo: são palavras. Palavras!
Se eu pudesse
escrever como se ama ou como,
com fervor,
colhemos, na boca, um beijo -
essa flor
de doce perfume, tão doce que
desfalecemos!
Se eu pudesse tocar as curvas da
cintura
que eu adoro e as mãos Daquela que
me espera
para além das ondas que o hálito
do vento
sopra e que são como os ternos
seios que eu amo,
os seios ritmados e doces, assim
como um belo poema!

O céu se faz mais claro através
da janela.

Versos? E eu acreditava que fosse
uma carta!

A candeia ainda arde. O relógio
vai soar a hora.
Que hora? A hora amarga d'esquecer!
Eu me recordo. O tempo se acabou.
Quem suspira?
Lembra-te dos beijos nos teus
cabelos castanhos?
Seu perfume, eu aspiro ainda. Eu
o respiro...

E beijo tuas mãos e teus belos
olhos distantes.

J'écris ces mots à toi. La lampe brûle. L'âme,
dans l'ombre de la nuit, brûle comme la flamme.
J'entends le souvenir qui dit ton nom tout bas.
Si bas! J'ai sur mon coeur la nuit... La nuit, hélas!
Le souvenir redit ton nom plus bas... La lettre
s'ouvre par lui. J'écoute: et c'est la mer, peut-être
Ou le roucoulement amoureux d'un ramier.

Je vois, contre l'azur, un svelte, un haut palmier:
et c'est ta forme à toi, l'expression biblique

de la gracilité (j'évoque *le Cantique des Cantiques*), du corps féminin... Tu le sais.

J'écris : ce sont des mots. Des mots ! Si je pouvais écrire comme on aime ou comme, avec ferveur, on cueille, sur la bouche, un baiser — cette fleur au parfum le plus doux, si doux que l'on défaille ! Si je pouvais presser la rondeur de la taille que j'adore et les mains de Celle qui m'attend au delà de ces flots, que l'haleine du vent gonfle et qui sont pareils aux tendres seins que j'aime, aux seins rythmés et doux, ainsi qu'un beau poème !

Le ciel se fait plus clair à travers la fenêtre.

Des vers ? Et je croyais que c'était une lettre !

La lampe brûle encor. L'horloge va sonner
l'heure. Quell'heure ? L'heure amère d'oublier !
Je me souviens. Le temps s'abolit. Qui soupire ?
Souviens-toi des baisers sur tes cheveux châtains ?
Leur parfum, je l'aspire encor ! Je le respire...

Et j'embrasse tes mains et tes beaux yeux lointains.

Distiques d'une Nuit d'Eté

DÍSTICOS DE UMA NOITE DE VERÃO

A noite de verão sobre a montanha.
O crepúsculo morre, tão azul!

Vê-se a estrada e a campanha;
e tudo é doce como uma confissão.

As flores adormecem. E a brisa
sopra: e dispersa o seu perfume.

A terra, ao longe, se diviniza...
Cai a paz sobre o meu coração!

A lua! Com sua sombra tão morena.
Oh, a Irmã divina, a Noite!

As árvores se amam, sob a lua.
Um riacho cintila e foge.

Como é vasta a solidão!
Como é belo este doce tempo de amar!

Um pássaro começa um prelúdio.
As estrelas sonham... Sonhar!

La nuit d'été sur la montagne.
le crépuscule meurt, si bleu!

On voit la route et la campagne;
et tout est doux comme un aveu.

Les fleurs s'endorment. Et la brise
souffle: et disperse leur odeur.

La terre, au loin, se divinise...
Il tombe une paix sur mon coeur!

La lune! Et l'ombre est toute brune.
O la Soeur divine, la Nuit!

Les arbres s'aiment, sous la lune.
Un ruisseau ruisselle et s'enfuit.

Qu'elle est vaste, la solitude!
Qu'il est beau, ce doux temps d'aimer!

Un oiseau commence un prélude.
Les étoiles rêvent... Rêver!

Sourire !

SORRISO!

Sob o céu azul, o mar se agita.
A onda espuma e gira.
O vento... Tu cantas como a onda
e eu como o vento!

A árvore de um gracioso bosque.
Um passarinho gorjeia... Um ramo.
Eu me lamento como a folhagem e tu
como o passarinho!

O Poeta sofre e delira.
Ele deseja escrever uma palavra
final...
E tu vibras como uma lira e eu
como um soluço banal!

Sous le ciel bleu, la mer qui gronde.
La vague roule en écumant.
Du vent... Tu chantes comme l'onde
et moi comme le vent!

L'arbre d'un gracile bocage.
Un oiseau gazouille... Un rameau.
Je me plains comme le feuillage
et toi comme l'oiseau!

Le Poète souffre et délire.
Il veut écrire un dernier mot...
Et tu vibres comme une lyre
et moi comme un sanglot!

L'Aube qui naît

A AURORA QUE NASCE

A aurora que nasce, a flor de lis,
a vaga opala!
A asa da pomba e do cisne! O céu
de uma bela manhã de inverno;
a pétala virginal
de uma rosa moribunda... e
o sonho eterno
da Primeira Comunhão; e sobre a onda
a espuma... O esplendor dos mármores
soberanos!
E toda a candura! E tu, Doçura
do mundo!

Eu quero dizer o quanto são brancas
suas duas mãos.

L'aube qui naît, la fleur de lys, la vague opale !
L'aile de la colombe et du cygne ! Le ciel
d'un beau matin d'hiver ; le virginal pétale
d'une rose mourante... Et le songe éternel
de la Première Communion ; et, sur l'onde
l'écume... La splendeur des marbres souverains !
Et toute la candeur ! Et toi, Douceur du monde

Je veux dire combien sont blanches ses deux mains.

Le désir de la Joie

O DESEJO DA ALEGRIA

Se pudéssemos abraçar,
como uma bela mulher, sobre o coração,
a Alegria!

A Alegria de viver como se canta!

Se pudéssemos abraçar,
sobre o coração cansado
e nos seus braços
sofredores do esforço vão, a Alegria
de viver!

Pudera!

A alma em fervor
e o coração embriagado
desse amargo, capitoso
e doloroso
vinho
divino:
a Felicidade,
quem a submete?

Se pudéssemos abraçá-la,
a Alegria!

Si l'on pouvait étreindre,
comme une belle femme, sur son coeur,
la Joie !

La Joie de vivre comme on chante !

Si l'on pouvait étreindre,
sur son coeur las
et dans ses bras

souffrants du vain effort, la Joie
de vivre!

Hélas!

L'âme en ferveur
et le coeur ivre
de cet amer, capiteux
et douloureux
vin
divin:
le Bonheur
qui le ploie?

Si l'on pouvait l'étreindre,
la Joie!

L'inextinguible Soif

A SEDE INEXTINGUÍVEL

Nós somos loucos de amor,
                    os Poetas! Somos
semelhantes a homens...
Sempre temos esta sede:
                    o Desejo.

O coração, que o sol cansa e
                    queima, se inclina
sobre a água da fonte de bordas
                    frescas e sombrias,
sobre o espelho da fonte
do amor
que, sobre a terra, nenhuma sede
                    humana
sacia
jamais!

Bebemos sem parar... Colocamos
ainda e sempre
os lábios no cálice de ouro
do Prazer!

Para a alma que sacia a sede,
o amor é um doce vinho de sonho!
O licor perfumado por um Deus!
O inefável néctar da vida!

Nós o bebemos sem sede...
E sem parar!

Nous sommes fous d'amour, les Poètes! Nous sommes
semblables à des hommes...
Et nous avons toujours cette soif : le Désir.

Le coeur, que le soleil lasse et brûle, se penche
sur l'eau de la fontaine aux bords sombres et frais,
sur le miroir de la fontaine
d'amour
que, sur la terre, aucune humaine

soif n'étanche
jamais!

On boit sans cesse... On met encor
et toujours
ses lèvres à la coupe d'or
du Plaisir!

Pour l'âme qui se désaltère,
l'amour est un doux vin de rêve!
La liqueur qu'un Dieu parfume!
L'ineffable nectar de vie!

On le boit sans soif... Et sans trêve!

Sérénade d'Hiver

SERENATA DE INVERNO

Para te despertar, eu faço a aurora.
Eu sou um amante malvado:
e eu te faço serenata!
Deixa o leito para ver a manhã!

O violão soluça em meus dedos.
Vem escutá-lo à varanda!
O inverno! E minh'alma treme...
O vento sufoca minha canção.

Sobre o travesseiro a doce cabeça
com maravilhosos cabelos
castanhos,
com que sonhas? O Poeta
sofre! Ele sonha com tuas
brancas mãos.

Os que fazem serenata,
sob as sacadas, à beira d'água
(a castelã espera a madrugada...)
e seu canto na sombra é mais belo!

Desperta! O ar está estranho!
O eco repete, ao longe, o som.
E eu fiz do coração o violão
e do meu amor - a canção.

Pour t'éveiller, je fais l'aubade.
Je suis un amoureux malin :
et je te donne sérénade !
Sors du lit pour voir le matin !

La guitare à mes doigts sanglote.
Viens pour l'écouter au balcon !
L'hiver ! Et mon âme tremblote...
Le vent suffoque ma chanson.

Sur les coussins la douce tête
aux merveilleux cheveux châtains,
à quoi rêves-tu? Le Poète
souffre! Il songe à tes blanches mains.

Et les donneurs de sérénade,
sous les balcons, au bord de l'eau
(la Châtelaine attend l'aubade...)
et leur chant dans l'ombre est plus beau!

Éveille-toi! L'air est bizarre!
L'écho repète, au loin, le son.
Et j'ai fait du coeur la guitare
et de mon amour-la chanson.

Un Éventail pour toi

UM LEQUE PARA TI

Soem as flautas,
Os violinos!
Vibrem os risos
e as canções!

É preciso amar-se!
Que sejamos muito belos!
Como os poemas
à la Wateau!

Flores! Rendas!
Os cabelos loiros!
Todas as Belas
do tempo que passou!

- Pierrot? - A lua,
esta mascarada!
Ei, vocês, as brumas!
Dancemos em roda...

Para que tua boca
com dentes de nácar
ria, eu esboço
este leque.

O cálice, enfim, está vazio e
mostra ao fundo o amargo
e doce fel:

A amargura
da recordação.

Sonnez, les flûtes!
Les violons!
Vibrez, les rires
et vous, chansons!

Il faut qu'on s'aime!
Qu'on soit très beaux!
O les poèmes
à la Watteau!

Des fleurs! Dentelles!
Les blonds cheveux!
Toutes les Belles
du temps passé!

– Pierrot? – La lune,
ce mascaron!
Ohé, les brunes!
Dansons en rond...

Pour que ta bouche
aux dents d'émail
rie, j'ébauche
cet éventail.

La coupe, enfin, se vide et montre, au fond, l'amère et douce lie:

l'amertume
du Souvenir.

La dernière Chanson

A ÚLTIMA CANÇÃO

É preciso sorrir!
É preciso também, meu amor, às vezes
sofrer, lamentar-se e
fervorosamente orar.

A gente sorri de se amar:
E são somente as coisas
de antigamente
que fazem a boca maldizer
e os olhos chorarem...

As coisas que não podemos
mais falar!

As luzes se apagam no fundo da sala,
e as rosas se desfolham uma a uma.
Seu doce e branco perfume se exala:
e é um langor!

- Ah, não ouves o lamento
do Clair de Lune?

O doce lamento, ao luar,
do meu coração!

Il faut sourire!

Il faut aussi, mon amour, quelquefois
souffrir, se plaindre et fervemment prier.

On sourit de s'aimer:
et ce sont seulement les choses d'autrefois
qui font la bouche maudire
et les yeux pleurer...

Les choses qu'on ne peut pas dire!

de la salle,

s'effeuillent une à une.

…eur doux et blanc parfum s'éxhale:

et c'est une langueur!

_Ah, n'entends-tu pas la plainte

du Clair de Lune?

La douce plainte, au clair de lune,

de mon coeur!

Ex-libris
desenhada
por Eduardo
Guimaraens

MCMXXIII
1923

Medalhão de
Eduardo Guimaraens,
existente na Biblioteca
Pública do Estado,
em Porto Alegre/RS
Escultor: Luiz Sanguin

O AMOR COMO SONHO E MELANCOLIA

Eduardo Guimaraens é um dos expoentes do Simbolismo no Brasil e este livro vem mostrar um pouco da sua produção. O Simbolismo nasceu na França e tem entre seus precursores e principais seguidores poetas como Baudelaire, Mallarmé, Verlaine, Rimbaud, entre outros. Este movimento caracteriza-se particularmente por dar à poesia o status de arte total: para os simbolistas, a poesia deveria evocar a melodia da música, e também as cores das paletas dos pintores, os cheiros que inundam as cidades e os campos, a textura da pele das crianças, enfim, ser cinestésica e completa.

Eduardo Guimaraens segue à risca esses preceitos e faz com que ao lê-lo sejamos levados pelo tom melódico das palavras. Os versos deste poeta bem podem ser chamados de canções, tais as suas aliterações e assonâncias, que fazem deles verdadeiras melodias. Também suas imagens nos levam para o mundo das sensações: podemos tocar, cheirar, sentir seus poemas.

Um exemplo disso são "as flores adormecidas/E a brisa que sopra e dispersa seu perfume" ou o "licor perfumado por um Deus", "o inefável néctar da vida", o "amor como um doce vinho de sonho".

Este amor tantas vezes cantado na lira do Ocidente encontra em Eduardo um perfeito tradutor do que seja a paixão, o ciúme, a solidão, a melancolia.

Em seus versos, o poeta eleva o amor ao patamar dos sonhos, daquilo que não podemos agarrar com as duas mãos, mas podemos pressentir. A amada é mais que uma mulher, é a expressão bíblica da Graça, do Cântico dos Cânticos. O amor é uma experiência doce e amarga como o fel, e é essa taça de fel que o poeta bebe até o fim, para então nos oferecer seus versos.

E seus versos são feitos da distância entre o desejo e a melancolia, entre a solidão e a presença da amada num devaneio, entre o sofrimento e a alegria de viver. Porque Eduardo Guimaraens vive através da poesia toda a plenitude das emoções dos homens. Através de seus versos, chegamos ao âmago de nossa própria alma: vulnerável, sensível, amorosa, solitária.

Lívia Petry Jahn

SUMÁRIO DE POESIAS

Poemas

de
Eduardo
Guimaraens

Libretos

Composto em VTypewriter/
Remmington Premiere e
SmithUpright, impresso na gráfica
Pallotti de Santa Maria,
em setembro de 2018,
aos 90 anos de falecimento
do poeta Eduardo Guimaraens.

Libretos
Rua Peri Machado
222, bloco B/ 707
Porto Alegre
RS-Brasil
CEP 90130-130